AF315165

LE LIVRE

DES CENT-ET-UN.

—

TOME HUITIÈME.

TYPOGRAPHIE DE FIRMIN DIDOT FRÈRES,
RUE JACOB, N° 24.

PARIS,

OU

LE LIVRE

DES CENT-ET-UN.

TOME HUITIÈME.

A PARIS,

CHEZ LADVOCAT, LIBRAIRE

DE S. A. R. LE DUC D'ORLÉANS,

RUE DE CHABANNAIS, Nº 2.

M DCCC XXXII.

LA VILLE NOUVELLE,

ou

LE PARIS DES SAINTS-SIMONIENS.

Ménilmontant, 6 octobre 1832.

« Voici un chapitre, mon cher Ladvocat, qui doit avoir pour titre, *la Ville nouvelle*[1].

[1] Un système religieux est un fait trop grave pour qu'il soit permis de l'apprécier avec légèreté. M. Charles Duveyrier, un de nos amis, apôtre de la religion saint-simonienne, nous ayant adressé un chapitre intitulé *la Ville nouvelle*, nous le publions sans réflexion ni commentaire; seulement nous reproduisons pour plus de clarté, et comme préambule nécessaire, cette lettre qui l'accompagnait. (NOTE DE L'ÉDITEUR.)

« A vrai dire, je ne sais trop si l'étrangeté des idées et du style ne vous éloigneront pas d'insérer ce morceau dans votre estimable et respectable livre des *Cent-et-Un*. Quand je pèse à leur poids toutes les célébrités dont les noms se pressent sur les couvertures de votre recueil, je ne puis me faire illusion sur le peu d'intérêt que pourrait exciter un nom nouveau, un nom d'*apôtre*, genre de noblesse qui n'a pas encore eu d'armoiries au blason littéraire. Un jeune fou, dira votre beau monde, qui vit scrupuleusement célibataire et attend une FEMME MESSIE, cela annonce trop de simplicité pour rien promettre de bien piquant. D'ailleurs, que signifie de courir les rues en un costume qui vous entoure d'ivrognes, et fait jaser jusqu'aux femmes de la Halle et aux demoiselles de comptoir? Cela sent son mauvais monde, et M. Delapalme l'a judicieusement observé: *Dans quelle société ces messieurs ont-ils donc vécu?*

« D'ailleurs, je dois craindre que le morceau en question, privé de cartes, de plans et de gravures, ne soit difficile à comprendre.

« Nous vivons dans une confusion de maisons, de temples et d'édifices de tout genre, qui peut donner une idée des saturnales des anciens, ou du chaos primitif du monde : mélange effronté et criard de toutes les antipathies, pêle-mêle d'orgies, vraie danse de sabbat. La jeunesse du Champ-de-Mars a pour vis-à-vis l'abattoir sanglant de Grenelle; les Invalides donnent une main aux Députés, et l'autre aux blanchisseuses du Gros-Caillou. Ici sautent les Enfants-Trouvés et leurs nourrices, côte à côte avec les astronomes de l'Observatoire, les femmes en couches et les Vénériens. Là, c'est une grande ronde des bambins des colléges, des pairs de France, des forts de la Halle-au-Vin, des vieillards de la Salpétrière; tout cela tourne autour des savants du quartier Latin et des animaux hurlant du Jardin-des-Plantes. L'Académie reste avec la Monnaie; l'Hôtel-Dieu avec les chanoines métropolitains; l'hôpital Saint-Louis soupire et pleure aux cris de joie et aux juremens des guinguettes, le Palais-Royal avec ses joueurs et ses prostituées, couché sur le même lit que le palais du Roi; et au milieu de cette grande danse satanique, les hommes et les femmes pêle-mêle, serrés comme des fourmis, les pieds dans la boue, respirant un air empesté, marchant à travers tous les embarras de leurs rues et de leurs places, enfoncés dans des rangées de hautes maisons noires ou blafardes, sans espoir ni souci de quelque chose de mieux.

« Comment donc faire sentir au peuple qui habite cette ville ainsi confusionnée, ce que nous pressentons de l'avenir de Paris, comme ordre, comme convenance et comme beauté? Comment le faire sans autre instrument que la parole nue? J'ai grand'peur que le morceau en question soit insuffisant.

« L'idée de NOTRE PÈRE est que toute ville, et surtout toute ville capitale, doit présenter dans sa construction, dans l'ordre et la diversité de ses monuments, l'image des mœurs, des habitudes et de la civilisation du peuple qui l'habite.

« Nous avons voulu donner la forme humaine à la première ville, comme sous l'inspiration de notre foi, en l'état de progrès où elle est aujourd'hui; et la forme humaine mâle, car la société n'a encore qu'une forme mâle. La femme, comme être social, n'est pas encore sortie des *côtes* de l'homme, malgré la parole de l'Écriture. Considérez toutes les institutions sociales, l'Académie, la Banque, l'Université, les deux Chambres, le Conseil-d'État, les administrations, la magistrature, le barreau, et toutes les facultés, vous n'y verrez que des chapeaux ronds et des fracs, ou des bonnets carrés et des robes noires; et l'opinion publique est solidement enfoncée dans l'admiration d'un pareil système; il n'est si mince garçon de boutique qui ne lève insolemment la tête à l'idée qu'il en puisse être différemment, et ne récapitule, dans son orgueil d'homme, toutes raisons qui font infailliblement de la femme un être débile, borné, faible; lierre qui tomberait sur le sol sans le chêne; lune qui doit tourner en satellite autour de la terre. La société est mâle; elle met ses enfants en coupe réglée par la conscription; elle leur impose une justice qui ne sait que punir; elle réclame ses améliorations à coups de fusil, elle les repousse à coups de canon. La société est mâle.

« Mais elle peut désirer de ne pas l'être exclusivement, elle le doit même. Ne serait-ce pas une chose heureuse que tout ce qu'il y a de délicat, de tendre, de bon dans le cœur des femmes, se fît jour à travers les inextricables embarras de la politique et du gouvernement, et que des mains blanches et de jolis doigts s'essayassent à dénouer ce que tant de grands sabres n'ont pu trancher?

« C'est là l'espoir des Saints-Simoniens, c'est là toute leur religion; car, ainsi que l'a dit le Père lui-même, il est l'annonciateur, le *saint Jean* d'un nouveau Messie, d'un Messie FEMME.

« On comprendra comment nous avons dû donner au temple, au monument où la religion doit le plus exalter les espérances humaines, les formes de la femme.

« Je terminerai cette lettre, déjà un peu longue, en vous priant d'employer toute votre influence auprès de vos lecteurs pour ranimer en eux cette vertu de courage et d'espoir, si rare aujourd'hui, ne fût-ce que pour un peu de temps, le temps de lire ces quelques pages. Car, au cas où elles seraient intelligibles, elles pourraient bien apparaître comme un rêve, une allucination fantasque, si votre beau monde persistait obstinément dans cette disposition crédule, dans cette FOI poussée souvent jusqu'à la SUPERSTITION, et qui consiste à considérer comme d'une réalisation impossible toutes les pensées grandes, généreuses, excellentes pour l'amélioration du sort du peuple.

« Vraiment n'est-ce pas une chose connue de tous aujourd'hui, que nos pères ont par leur travail fait le globe ce que nous le voyons être, en dépit des obstacles qui les entouraient, et dont ils nous ont délivrés? Avec tout ce qu'ils ont mis de puissance dans nos mains, ne serait-ce pas une lâcheté à nous de rester en si belle route, et de nous coucher tout du long sur le sol, jeunes comme nous sommes, en disant avant le travail: Je n'en puis plus.

« Quoi! rien à faire au début de la vie? Hommes! femmes! rien de noble, de bon, de joyeux, de retentissant, rien à faire! Allez, allez, vous crie celui qui fait mouvoir les nations et les mondes, et qui parle toutes langues à travers tous les siècles; allez, ma voix n'est pas éteinte, mon sceptre n'est pas brisé, et les battements de mon cœur ne sont pas refroidis. Je suis toujours pour vous, toujours avec vous. C'est moi, l'éternel ouvrier! partout c'est moi! Quand on dit nous parmi *vous*, *moi* je dis moi! marchez avec moi, car avec moi rien d'impossible!

« J'ai fait éclater de merveilleux spectacles!

« J'ai brisé de mon souffle les tempêtes qui rasaient le sol comme des lunes de malheur! j'ai pressé les mamelles des montagnes, et j'en ai fait sortir leur lait de feu!

« J'ai souri en voyant les abîmes comme des mâchoires de serpent, darder leurs flots dans l'espace, et j'ai fait glisser sur ces flots des villes armées, aussi sûrement que sur la glace un patineur.

« Aux entrailles de la terre ferme, j'ai fait plonger l'homme comme un plongeur, et je l'ai fait voler, vrai vautour, au haut des nuées.

« J'ai bâti des palais et des temples, des cités capitales par milliers, des ponts plus longs que les chaussées, et de grands animaux de fonte, aux muscles d'acier, à l'âme de vapeur, qui marchent seuls. J'ai rassemblé des armées innombrables de tribus et de hordes qui ne s'entendaient pas. J'ai mis la sagesse du monde en un seul homme, et j'ai donné plus de vigueur à la voix basse de ses apôtres disséminés, qu'aux rhéteurs, aux soldats, aux marchands, masse compacte qui parlait haut.

« Courage! enfants, espoir en moi! j'ai fait de grandes choses!

« Quand les sauvages, que poussait Attila comme des buffles, prirent racine en terre devant la face d'un pontife, ce fut une grande chose!

« Quand Christophe, mon capitaine de mer, sous un soleil d'or, salua les bords empourprés de mon nouveau monde, ce fut une grande chose!

« Quand Napoléon, à pas de géant courut l'Europe avec ses canons, passant les fleuves comme des ruisseaux; ce fut une grande chose!

« Mais, par ma foi, rien de si grand n'a paru sur la terre, que ce que j'y veux montrer, en ce jour! »

LA VILLE NOUVELLE,

ou

LE PARIS DES SAINTS-SIMONIENS.

Le Dieu bon a dit par la bouche de l'homme qu'il envoie :

J'établirai au milieu de mon peuple de prédilection une image de la nouvelle création que je veux tirer du cœur de l'homme et des entrailles du monde.

Je bâtirai une ville qui soit un témoignage de ma munificence. Les étrangers viendront de loin au bruit de son apparition. Les habitants des villes et des campagnes y accourront en foule, et ils me croiront quand ils l'auront vue.

21.

Paris! ville qui bout tumultueusement, ainsi qu'une chaudière de cendres; ville semblable à ton peuple; comme lui, pâle et défigurée! Tu gis sur les bords de ton fleuve, avec tes noirs monuments et tes milliers de maisons ternes, comme un amas de roches et de pierres que le temps rassemble au bassin des vallées, et il en sort comme un grondement monotone d'une eau comprimée sous ces pierres, ou d'un feu caché qui va les crever.

Paris! Paris! c'est sur les bords de ton fleuve, cependant, et dans ton enceinte que j'imprimerai le cachet de mes nouvelles largesses, et que je scellerai le premier anneau des fiançailles de l'homme et du monde!

Tes rois et tes peuples ont obéi à mon éternelle volonté, quoiqu'ils l'ignorassent, lorsqu'ils se sont acheminés avec leurs palais et leurs maisons du sud au nord, vers la mer, la mer qui te sépare du grand bazar du monde, de la terre des Anglais.

Ils ont marché avec la lenteur des siècles, et ils se sont arrêtés en une place magnifique.

C'est là que reposera la tête de ma ville d'apostolat, de ma ville d'espoir et de désir, que je coucherai ainsi qu'un homme au bord de ton fleuve.

Les palais de tes rois seront son front, et leurs

parterres fleuris son visage. Je conserverai sa
barbe de hauts marronniers, et la grille dorée
qui l'environne comme un collier. Du sommet
de cette tête, je balaierai le vieux temple chré-
tien, usé et troué, et son cloître de maison en
guenilles; et sur cette place nette, je dresserai
une chevelure d'arbres, qui retombera en tresses d'allées sur les deux faces des longues galeries, et je chargerai cette verte chevelure d'un
bandeau sacré de palais blancs, retraite d'honneur et d'éclat, pour les invalides des établis et
des chantiers.

Des terrasses qui saillent sur la grande place,
comme les muscles d'un cou vigoureux et d'une
gorge forte, je ferai sortir les chants et les harmonies du colosse. Des troupes de musiciens et
des chanteurs feront retentir chaque soir la sé-
rénade en une seule voix.

Je comblerai les fossés de cette place, et j'en
ferai une large poitrine qui s'étalera, bombée et
découverte, et qui se gonflera d'orgueil, lorsqu'aux jours des carrousels pacifiques, elle sen-
tira briller à sa surface, comme des joyaux de
toutes couleurs, les femmes plus belles et plus
parées que les dames des cours d'amour et des
tournois, les hommes plus brillants et plus forts
que les chevaliers aux armes dorées, et les vieux
grenadiers de Napoléon.

Au-dessus de la poitrine de ma ville, au foyer sympathique d'où divergent et où convergent toutes les passions, là où les douleurs et les joies vibrent, je bâtirai mon temple, foyer de vie, plexus solaire du colosse.

Les buttes du Roule et de Chaillot seront ses flancs. J'y placerai la banque et l'université, les halles et les imprimeries.

Autour de l'arc de l'Étoile, depuis la plaine de Monceau jusqu'au parc de la Muette, je sèmerai en demi-cercle les édifices consacrés au plaisir des bals, des spectacles et des concerts; les cafés, les restaurants avec leurs labyrinthes, leurs kiosques et leurs tapis de gazon, aux franges de fleurs.

J'étendrai le bras gauche du colosse sur la rive de la Seine, il sera plié en arc à l'opposé du coude de Passy. Le corps des ingénieurs et les grands ateliers des découvertes en composeront la partie supérieure qui s'étendra vers Vaugirard, et je formerai l'avant-bras de la réunion de toutes les écoles spéciales des sciences physiques et de l'application des sciences aux travaux industriels. Dans l'intervalle qui embrassera le Gros-Caillou, le Champ-de-Mars et Grenelle, je grouperai tous les lycées que ma ville pressera sur sa mamelle gauche où gît l'université. Ce sera comme une corbeille de fleurs et de fruits, aux formes suaves, aux couleurs tendres; de larges pelouses comme des feuilles les sépareront et fourmilleront de troupes d'enfants comme de grappes d'abeilles.

J'étendrai le bras droit du colosse, en signe de force, jusqu'à la gare Saint-Ouen, et je ferai de sa large main un vaste entrepôt où la rivière versera la nourriture qui désaltérera sa soif et rassasiera sa faim. Je remplirai ce bras des ateliers de menue industrie, des passages, des galeries, des bazars, qui perfectionnent et étalent aux yeux éblouis les merveilles du travail humain. Je consacrerai la Madeleine à la gloire industrielle et j'en ferai une épaulette d'honneur sur l'épaule droite de mon colosse. Je formerai la cuisse et la jambe droite de tous les établissements de grosse fabrique; le pied droit posera à Neuilly. La cuisse gauche offrira aux étrangers de longues files d'hôtels. La jambe gauche portera jusqu'au milieu du bois de Boulogne les édifices consacrés aux vieillards et aux infirmes, plus frais et plus luisants avec leurs parterres et leurs ruisseaux que les palais des lords et des princes.

Ma ville est dans l'attitude d'un homme prêt à marcher, ses pieds sont d'airain; ils s'appuient sur une double route de pierre et de fer. Ici se fabriquent et se perfectionnent les chariots de roulage et les appareils de communication : ici les chars luttent de vitesse. Par-dessus ces routes, le pont de Neuilly prolonge un arceau vers la face de ma ville et forme ainsi sa capitale entrée.

Entre les genoux est un manége en ellipse; entre les jambes, un immense hippodrome.

Voilà le colosse dont mon doigt creusera le tracé sur le sol.

Les membres qui le composeront, divisés et mêlés, sont une masse monstrueuse, informe, inanimée, morte. Ils sont comme étaient les chairs, les os, les nerfs, la cervelle et les entrailles de l'homme avant que d'une secousse de ma volonté je fisse se dresser cette masse inconcevable et effrayante en un être harmonieux et vivant; avant que les os s'emboîtassent les uns dans les autres; que les nerfs, les veines, les chairs, s'appliquassent sur les os; que la cervelle versât dans le crâne sa membrane fragile; que la tête prît place sur les épaules, le cœur, le foie sous les côtes, les entrailles aux cavités du bassin; et que l'homme parût superbe, radieux, merveilleusement ordonné comme un seul édifice.

Ainsi je ferai sortir de leur chaos hideux les membres et les organes de ma ville. Je les appellerai à grands cris de voix d'hommes et d'instruments de musique; et tous, doués de mouvement, prendront leur place.

On verra les manuscrits, les livres, les cartes et les rouleaux de dessins et d'images de la Bibliothèque, s'avancer en une armée innombrable vers la galerie du Louvre, bâtie des mains du dernier de mes capitaines. Ils seront portés sur le dos de soldats. Des régiments auront été dressés à cette manœuvre ; les officiers les coucheront en ordre sur leurs rayons et dans leurs cases, et le cerveau de ma ville se formera. On verra tous les vieillards illustres de la science et de l'art dont la vie est encore un travail, mais un travail d'observation, d'attention et de jugement, entrer par files au frontail et aux ailes du palais, et ma ville aura des yeux et des oreilles.

Je ferai descendre des hauteurs de Sainte-Geneviève et du faubourg Saint-Germain, tous les savants emportant leurs chaires, leurs salles, et leurs instruments d'expérimentation, et les animaux, les plantes et les arbres du Jardin-du-Roi, et les trésors de sciences naturelles enfouis dans son cabinet. Je ferai descendre les laboratoires, l'Observatoire avec ses machines et ses lunettes, l'école Polytechnique, l'école des Arts et Métiers, et tous les colléges. Ce sera une longue procession. Je mettrai au centre l'université tout entière, et les académies, précédées des

imprimeries noires et graisseuses ; en tête seront
les vieillards, les malades et les infirmes ; les immenses hôpitaux de la Salpétrière, de Saint-
Louis et de l'Hôtel-Dieu, avec leurs ailes et leurs
façades ; et leurs lits innombrables se lèveront du
sol, et marcheront donnant l'exemple. Puis viendra le bataillon des aubergistes, des hôteliers
et de leurs serviteurs, qui ont le sentiment de
l'ordre et de la continuité du service personnel.
Cette caravane sera longue et marchera au pas
lent de la science, de la patience et de la vieil-
lesse. Elle coulera silencieusement avec ses ha-
bitations, et elle se couchera aux bords du fleuve,
depuis le Palais-Bourbon jusqu'à Passy et de
Passy à Vaugirard ; depuis le milieu des Champs-
Élysées, par Chaillot, l'arc de l'Étoile et la
Muette, jusqu'au milieu du bois, et formera ainsi
les os, les nerfs et les chairs de toute la moitié
gauche du corps de mon colosse.

En même temps tous les entrepôts aux vins,
aux blés, les halles, les marchés et les abattoirs,
les grosses usines, les fonderies, les ateliers de
construction des mécaniques avec leurs rouages,
leurs chaudières et leurs cylindres de fonte, leurs
enclumes, leurs marteaux, leurs soufflets et leurs
laminoirs, les charpentiers et les forgerons en
tête, se lèveront. Et aussi se lèveront les établis
des travaux qui font plus briller la main de

l'homme que la force des machines; les tabletiers, les fabricants de meubles, les tailleurs, les modistes, les chapeliers, les bijoutiers et les horlogers; les magasins et les boutiques des quartiers Saint-Denis, Saint-Antoine et Saint-Martin; l'immense bazar du Palais-Royal et des passages où sont artistement rangés en éventail les riches ciselures d'or et d'argent, les pierreries, les cristaux et les bijoux d'émail, les plumes et les tissus de l'Inde et de l'Afrique, les étoffes lustrées aux figures fraîches et éclatantes, les meubles de bois colorés et odoriférants, les tentures, les candélabres avec leurs globes damasquinés. Toute cette grande armée industrielle, hommes et femmes, avec leurs marchandises, leurs instruments, leurs chantiers et leurs maisons, rangés par troupes, et renfermant au centre la Banque et ses administrations, le Trésor, le Timbre, la Monnaie; toute cette armée active, bruyante, animée, marchant d'un pas vif, et fouettant l'air de ses gestes et de ses cris de joie, faisant voler autour d'elle, comme un nuage d'encens, la poussière du sol, s'ébranlera et roulera par-dessus les églises, les quais et les quartiers retardataires, et viendra de la Madeleine à la gare Saint-Ouen, et de l'Élysée-Bourbon, par Monceau et les Sablons, jusqu'à Neuilly, former les membres rebondis et fermes de la droite de mon colosse.

Je déracinerai des bords du boulevart les opéras et tous les théâtres avec leur matériel d'instruments, de costumes et de décors, et leurs troupes passionnées, et les salles de danse et de concert, et les jardins aux fruits de neige et de glace, aux liqueurs brillantes comme le métal, et tous les édifices consacrés aux extases de l'esprit et au délire des sens. Ils s'enlèveront ainsi qu'une troupe de danseurs et de danseuses, dont les tressaillements répandront le plaisir jusqu'aux extrémités du corps de mon colosse, et enlacés les uns dans les autres, tournoyant sur eux-mêmes, ils viendront se grouper autour de l'étoile.

Ainsi, par ma volonté et par les bras de mes enfants, sera bâtie, en un seul édifice, ma ville vivante. Et pour aucun ma volonté ne fera scandale ou servitude; car de ces hommes et de ces femmes, de ces vieillards et de ces enfants, et de ces édifices, ces magasins, ces chantiers, il n'y aura ni un clou, ni un cheveu qui bouge autrement que de son propre mouvement et par sa libre volonté. Beaucoup n'auront point de cette vie le sentiment de leur destinée. Ils resteront dans leur chaos de pavés boueux et de masures tremblantes. La ville ancienne reposera sur les épaules de la nouvelle. Fardeau léger sur ses larges épaules; fardeau sacré, car le colosse ainsi chargé de son vieux père, pressant son enfant sous son bras, sera, comme Énée, le symbole de la religion de l'homme qui sort de la guerre et appelle la femme.

Accourez donc! accourez tous, peuples du Nord et du Midi, Prussiens, Anglais, Russes, Saxons.

Vous vîntes chez mon peuple bien-aimé vous enivrer de ses raisins et de ses femmes, et nourrir vos chevaux des arbustes de ses jardins, parce que ce peuple, dans sa fureur, s'était hérissé comme un porc-épic, et qu'il courait par vos campagnes, emportant du bout de ses pointes les pans de vos places fortes, et les quartiers de vos villes, et foulant sous ses pieds vos moissons! Venez tous! accourez à cette heure. Ce peuple est enfin devenu industrieux et magnifique; le premier, au nom de ses frères, il a mis la main dans mon trésor. Venez! ici la terre se gonfle du désir de vivre de la vie de l'homme; ici la terre se donne à l'homme, comme une femme à son amant. La ville qu'habite le peuple est vivante, ornée, sonore; elle pense, elle travaille, elle aime, elle rit, elle danse.

Et les peuples accourront, et ils sauront qu'ils portent en eux-mêmes les formes et le plan de ma ville; ils la reconnaîtront : ils descendront comme en extase devant la face et les membres du géant.

Ma ville est ample et de haute taille, mais nul ne craint de s'y perdre. Que vous veniez du Nord ou du Midi, des bancs de l'Allemagne ou des chantiers de l'Angleterre; que l'esprit ou la chair soit votre orgueil, que votre vie soit le mystère ou le mouvement, vous marcherez d'un pied sûr, dans mon colosse, vers le lieu que votre cœur appelle, à travers les places ombragées et les canaux remplis d'une eau limpide et les fontaines jaillissantes, entourés d'édifices dont les formes expriment le nom, vous marcherez!

Aux lieux qu'habitent les hommes de science, de contemplation, d'expérience, ceux qui sont l'ordre et la règle de la cité, le silence et le mystère règnent, les arbres régulièrement plantés sur les places prolongent au milieu du jour l'ombre et la fraîcheur de la nuit. Les monuments s'élèvent en surfaces planes, les murs tombent droit, se coupent en équerre et s'avancent en saillies brisées; le jour bondissant sur ces saillies ne fait luire sous les pilastres que des échos de sa lumière. Ce sont des bandes parallèles de hauts portiques à plafonds plats. Ce sont des places anguleuses au fond desquelles les monuments semblent descendre d'une grotte invisible, comme les palais de larmes du creux des montagnes, ou monter au ciel en légers cristaux.

Les flèches et les clochers abondent, et les gerbes d'arètes en forme de prismes, et les treillages à losanges déliés, et les ogives sveltes et pointues.

Les merveilles de ma terre bien-aimée sont rassemblées au jardin d'un palais qui fait voir des animaux géants sous un portail égyptien couvert de fresques symboliques. Le chimiste est appelé vers le sol par les formes basses de son laboratoire aux pilastres druidiques, au triangle aplati; et des terrasses bordées de festons, chargées de flèches et d'aiguilles, élèvent au-dessus des nuées l'astronome et son télescope.

La Seine coule en silence et marie la couleur de ses eaux au milieu de ces monuments chargés d'incrustations, de grisailles, de peintures pâles; et ces couleurs et toutes ces formes se trouvent harmonieusement rassemblées dans l'immense université, dont les ailes, les bas-côtés et les façades portent la robe violette de l'évêque du Christ, et dont le pâté central se lance jusqu'à une prodigieuse hauteur en une masse triangulaire de clochers blanchis et dentelés, qui semblent, quand le soleil couchant frappe leurs pointes argentées, une pyramide de cierges enflammés.

Aux quartiers qu'habitent les·hommes d'action et de force, là où sont les établissements de grosse et de menue industrie, là où le cuivre et le fer sont pétris et moulés comme la pâte, où les troncs des bois durcis dans les eaux tièdes de la Gambie et du fleuve des Amazones sont coupés par tranches comme les chairs d'un fruit fondant; et là aussi où les cristaux et les métaux sont taillés en dentelle et en pierreries, où le lin et la soie sont tissus plus finement que la toile d'un insecte; dans toute la droite de mon colosse, les édifices s'élèvent en formes arrondies et bossueuses comme les muscles bombés d'un homme vigoureux.

Les rues sont sinueuses comme des anneaux qui s'entrelacent. Les murs sont couchés à terre, fermes et gonflés comme le turban d'un pacha, ou suspendus en l'air transparents et légers en des tresses de roseaux.

Il s'élève du sol des colonnades et des voûtes qui sont semblables à des champs de plantes grasses dont les larges feuilles s'unissent en arceaux massifs, ou à des forêts de minces bambous au sommet desquels reposent des cloches, comme les fleurs sur leurs tiges.

Les places circulaires n'y sont pas plantées de quinconces régulièrement serrés et étouffés; des bouquets d'arbres s'élèvent çà et là comme les touffes d'herbes dans la campagne : car ici la lumière et le son circulent avec vitesse et dans leur plénitude.

Du milieu de ces places on voit surgir à l'horizon les courbes paraboliques des fonderies et des forges, les cônes noircis des fours, les cheminées cylindriques ouvrant leurs gueules pleines de flammes, comme des serpents dressés sur leurs queues, les tours en tuyaux pour la fonte des plombs, et les chapeaux de magiciens qui couvrent les leviers, les grandes roues, les chaudières.

On voit se mouvoir au milieu des airs d'immenses engins qui marquent le temps dans l'espace; des étincelles jaillissent, et des nuées de vapeur montent dans le ciel qui retentit des coups des marteaux et des haches, du grincement des vis et des scies, des tournoiements des laminoirs, des battements cadencés des pompes à bascules et des chants des travailleurs.

Les couleurs éclatantes et fières sont partout jetées, depuis le vermillon, symbole de santé, jusqu'au jaune éblouissant des rayons du soleil, symbole de richesse. Des milliers de candélabres, groupés en guirlandes autour des places, ou soutenus dans les airs sur des trépieds de cariatides, prolongent dans toute la droiture de ma ville, comme les lustres dans les théâtres, la clarté du jour au milieu de la nuit.

Sur la mamelle droite de mon colosse s'étale la Banque, et c'est là que toute la magnificence de la force et de la richesse se trouve déployée en un seul édifice; c'est une assemblée des corps de l'espace. C'est l'univers avec ses sphères entassées les unes sur les autres; elles brillent de l'éclat de feu du soleil, de l'argent blanc de la lune, des couleurs brunes et vertes de la terre et des mers; et sur une dernière rangée de globes étincelants de la nacre des huîtres du Japon s'élève en pente douce un dôme d'azur tacheté d'or. Des touffes de colonnes d'herbes géantes, des grappes de fruits et de fleurs saillent des intervalles; et ces sphères entassées reposent dans une vaste enceinte brodée, dentelée, et faisant luire le rouge pourpre de la robe des Césars.

Et au centre de ma ville, entre les globes de la Banque étalés en un large espace et les cierges de l'Académie dressés à une immense hauteur, plus haut que ces cierges, plus étendu que ces globes, est mon temple.

Par tous les noms que je me suis donnés à la face de la terre, voici que j'enracine dans le sol et que je déploie dans l'espace un temple où je puis graver mon vrai nom.

Mon temple est mon soleil d'équité, mon nœud d'alliance parmi les hommes, ma fleur de grâce et de pureté, mon sourire de tendresse et de fécondité; mon temple est l'espoir du monde.

Mon temple est mon amour vivant, la joie de mon cœur, la beauté de ma face, ma main de caresse et de charité.

Levez vos fronts! vieux temple des Juifs! ruines de Thèbes et de Palmyre! Parthénou! Alhambra! levez vos fronts courbés dans la poussière! Dômes de Saint-Pierre et de Saint-Paul! clocher du Kremlin! mosquées des Arabes! pagodes de l'Inde et du Japon! palais de mes rois! temple de mes christs! morts et vivants! levez vos fronts et pliez le genou !

MON TEMPLE EST UNE FEMME!

Autour de son vaste corps, jusqu'à sa ceinture, montent en spirale, à travers les vitraux, des galeries qui s'échelonnent comme les guirlandes d'une robe de bal. Du haut de ces galeries, on voit par-dessus les toitures de verre des imprimeries, par-dessus les kiosques et les tentes bariolées des halles, par-dessus les théâtres et les cafés, et les salles de concert, groupés autour de l'Étoile, comme des bijoux de fantaisie; on voit le grand cirque, qui semble une coupe avec sa bordure de prairie et ses ciselures de hauts platanes, et ses écuries comme deux anses sculptées aux deux bouts. Et les chevaux de courses, quand leur ventre rase la terre, semblent des fourmis qui bougent à peine.

Sa robe descend en arrière sur la grande place des parades, et forme des plis de sa queue un immense amphithéâtre où l'on vient jouir du spectacle des pacifiques carrousels, et respirer le frais sous des orangers.

Le bras droit de la bien-aimée de ma ville est tourné vers les coupoles et les dômes industriels, et sa main repose sur une sphère au sommet de cristal, à la surface enluminée du vert tendre des jeunes gazons, du jaune argenté des blés mûrs, et de toutes les nuances vives que les belles campagnes épanouissent sous les premiers baisers du matin. Cette sphère forme en dedans du temple l'emplacement de mon théâtre sacré, dont les décors sont des panoramas.

J'ai mis dans la main gauche de l'épouse de mon colosse un sceptre d'azur et d'argent qui touche à terre et se marie dans les airs avec les flèches droites et argentées de l'Académie, et son pourtour de pilastres violets. Du sommet élargi de ce sceptre monte, en pyramide affilée, une flamme, phare immense dont la lumière éclate au loin et rend visible au sein des nuits le sourire de son visage.

Les escaliers latéraux des industriels et des

savants forment les plis de sa chaussure, le large escalier des prêtres et du peuple monte à travers les plis de sa robe entr'ouverte et agrafée.

On dirait à l'éclat des vitraux qui serpentent autour de son corps, le long de la spirale des galeries, qui rayonnent aux rosaces de sa poitrine, que les pierreries des cinq continents sont dans sa robe et dans son corsage.

J'ai chargé ses bras de riches bracelets qui saillent en terrasses damasquinées à jour. J'ai tissu sa ceinture de lames métalliques, espacées et vibrantes. C'est là que repose le nouvel orgue, à la voix de cuivre, d'argent et d'airain, dont les mélodies et les harmonies descendent comme une chute d'eau sur le plancher de mon temple, et jaillissent de sa bouche, de ses oreilles, de ses yeux, des intervalles qui séparent les perles de son cou et les tresses de ses cheveux, et des créneaux de son magnifique diadème, semences de vie que ma bien-aimée répand dans la ville et dans le monde.

Voilà mon temple!

Mon temple est mon amour vivant, la joie de mon cœur, la beauté de ma face, ma main de caresse et de charité!

Voilà mon temple!

Voilà ma ville! —

Venez donc, accourez de toutes les parties

de la terre, ô hommes! l'enfantement de ma ville
sera un temps de réjouissance inimaginable. Je
ferai passer sur ses membres d'airain et de pierre,
sur son visage de fleurs, dans sa barbe et ses
cheveux de bois élancés et touffus, une musique
retentissante et suave; ouragan qui balaie les
montagnes, brise molle qui se balance sur les
eaux bleues de la mer. Je ferai tressaillir tout son
corps d'une danse nouvelle; et quand viendra
le soir, je l'endormirai dans un vêtement d'étin-
celantes lumières.

Alors vous sortirez en foule, et vous monterez
aux collines de Sèvres et de Meudon, au parc de
Saint-Cloud, au Calvaire, à Montmartre, à Ménilmontant, sur les buttes de Chaumont; vous vous
grouperez dans les bois de Romainville et de Cla-
mart, comme sur les bords d'un cirque immense,
pour contempler la nouvelle création dans tout
son éclat, pour voir le géant homme de feu, dor-
mir, couché sur son lit noir. Des ballons vous
porteront tour à tour dans les airs, afin de le
voir dans toutes ses dimensions et dans son en-
semble.

Sa chevelure et sa barbe sont éclairées par un
météore de lueurs pâles, qui se jouent dans les
massifs, comme l'air et la lumière se jouent dans
les cheveux. Ses yeux sont deux soleils tour-
noyants, éblouissants comme serait mon soleil

si je gardais en lui les rayons qu'il disperse dans l'espace, et que je le voulusse montrer seul, quand il fait nuit. De sa bouche s'échappe un bouquet de flammes et de jets d'étincelles qui montent à travers les airs, comme une création d'un monde d'étoiles que ma terre envoie dans mon ciel. Sa jambe droite et son bras droit, et la partie droite de son ventre, étincellent d'un feu rouge. C'est un tricot de pourpre qui colle à la peau et fait ressortir les saillies de ses muscles. Sur son épaule gauche, et sur toute la partie gauche de son corps, est jeté son manteau flamboyant d'un feu violet, comme la grande mer des îles de l'Inde. Le temple brille de la double blancheur, des perles et des diamants. Le bandeau de palais qui fait le tour de sa chevelure, est une couronne de gigantesques pierreries, vertes, jaunes, rosées, bleues d'azur. Et le colosse, ainsi embrasé de feux de toutes couleurs, illumine au loin les campagnes, et montre aux hommes un jour qu'ils n'ont pas vu.

Voilà, dit le Dieu bon qui fait largesse aux hommes, voilà le joyau que je tirerai des coffres de ma munificence! Voilà la première pierre de mon édifice! Je veux renouveler la face et les entrailles de ma terre. Je veux que les hommes déplacent les mers, et qu'ils fassent surgir de nouveaux continents; je veux qu'ils prennent ma terre dans leurs mains, et qu'ils la taillent et la policent, ainsi qu'un nouveau diamant de mon incommensurable couronne.

Terre! je t'inonderai des pluies de lumière de mon soleil, et ma volonté te promènera à travers les harmonies du ciel, aux yeux éblouis de tous les mondes!

Charles DUVEYRIER.

TABLE.

FIN DE LA TABLE DU TOME HUITIÈME.

9 782016 164822